NATHAN HALE

HERO OF THE AMERICAN REVOLUTION
HÉROE DE LA GUERRA DE INDEPENDENCIA

JODY LIBERTSON

TRADUCCIÓN AL ESPAÑOL
EIDA DE LA VEGA

rosen central
Primary Source™
Editorial Buenas Letras™

The Rosen Publishing Group, Inc., New York

Published in 2004 by The Rosen Publishing Group, Inc.
29 East 21st Street, New York, NY 10010

First Bilingual Edition 2004
First English Edition 2004

Cataloging Data

Libertson, Jody
[Nathan Hale. Bilingual]
Nathan Hale: Héroe de la Guerra de Independencia / Jody Libertson.
    p. cm. — (Grandes personajes en la historia de los Estados Unidos)
Summary: Surveys the life of Nathan Hale, a Revolutionary War hero whose service to George Washington as a spy cost him his life.
Includes bibliographical references and index.
ISBN 0-8239-4165-5 (lib. bdg.)

1. Hale, Nathan, 1755-1776—Juvenile literature. 2. United States—History—Revolution, 1775-1783—Secret service—Juvenile literature. 3. Spies—United States—Biography—Juvenile literature. 4. Soldiers—United States—Biography—Juvenile literature. [1. Hale, Nathan, 1755-1776. 2. Spies. 3. United States—History—Revolution, 1775-1783—Secret service. 4. Spanish language materials. Bilingual]
I. Title. II. Series.Primary sources of famous people in American history. Bilingual.
E280.H2L53 2004
973.3'85'092—dc21

Manufactured in the United States of America

Photo credits: cover, pp.13, 23 © Bettmann/Corbis; pp. 5, 9, 19 © North Wind Picture Archives; p. 7 courtesy, Rare Book Department, The Free Library of Philadelphia; p. 11 © Lee Snider; Lee Snider/Corbis; p. 15 National Archives and Records Administration; p. 17 Library of Congress Geography and Map Division; p. 21 painting by R. Sterliing Heraty; courtesy of the Antiquarian and Landmarks Society; Hartford, Connecticut; p. 25 State Historical Society of Missouri; p. 25 (inset) Courtesy, Print Collection, Miriam and Ira D. Wallach Division of Art, Prints and Photographs, the New York Public Library, Astor, Lenox and Tilden Foundations; p. 27 Collection of the New-York Historical Society, Negative Number 50381; p. 29 © Farrell Grehan/Corbis.

Designer: Thomas Forget; Photo Researcher: Rebecca Anguin-Cohen

CONTENTS

CONTENIDO

1 GROWING UP IN CONNECTICUT

Nathan Hale was born on June 6, 1755, in Coventry, Connecticut. His father, Richard, was a farmer and a deacon. His mother, Elizabeth Strong, raised the children. Both of Nathan's parents were patriots. They believed that America should not be ruled by the British. Nathan had eight brothers and three sisters.

---

1 INFANCIA EN CONNECTICUT

Nathan Hale nació en Coventry, Connecticut, el 6 de junio de 1755. Su padre, Richard, era granjero y diácono. Su madre, Elizabeth Strong, crió a los niños. Los padres de Nathan eran patriotas. Creían que Norteamérica no debía ser gobernada por los ingleses. Nathan tuvo ocho hermanos y tres hermanas.

Hale became a captain in the army for American independence.

Hale se hizo capitán del ejército que luchaba por la Independencia.

Nathan was often sick as a young boy. As he grew, he became strong and healthy. He enjoyed fishing, swimming, and wrestling. In school, Nathan liked to read about the heroes of history. The village minister, Reverend Joseph Huntington, helped him study for college.

Nathan fue un niño muy enfermizo, pero al crecer, se hizo fuerte y saludable. Le gustaba pescar, nadar y el deporte de la lucha. En la escuela, disfrutaba leyendo sobre los héroes de la historia. El cura del pueblo, el reverendo Joseph Huntington, le ayudó a estudiar para entrar a la universidad.

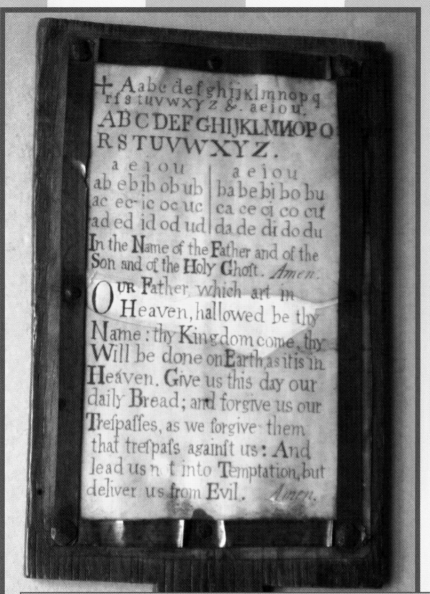

In colonial times, students used hornbooks (shown here).
A hornbook was made of wood and looked like a paddle.

En la época colonial, los estudiantes usaban cartillas como ésta.
Las cartillas eran de madera y parecían remos.

In 1769, Nathan went to Yale University in New Haven, Connecticut. He was a good student and read books on many subjects. He liked to give speeches and play sports. Nathan graduated college in 1773. He became a teacher in Connecticut. Students and their parents liked Nathan. He was friendly, honest, and trustworthy.

En 1769, Nathan ingresó a la universidad de Yale, en New Haven, Connecticut. Fue buen estudiante y leyó libros sobre muchos temas. Era aficionado a pronunciar discursos y practicar deportes. Nathan se graduó en 1773 y empezó a trabajar de maestro en Connecticut. A los estudiantes y a los padres de familia les agradaba Nathan. Era un hombre amistoso, honrado y de confianza.

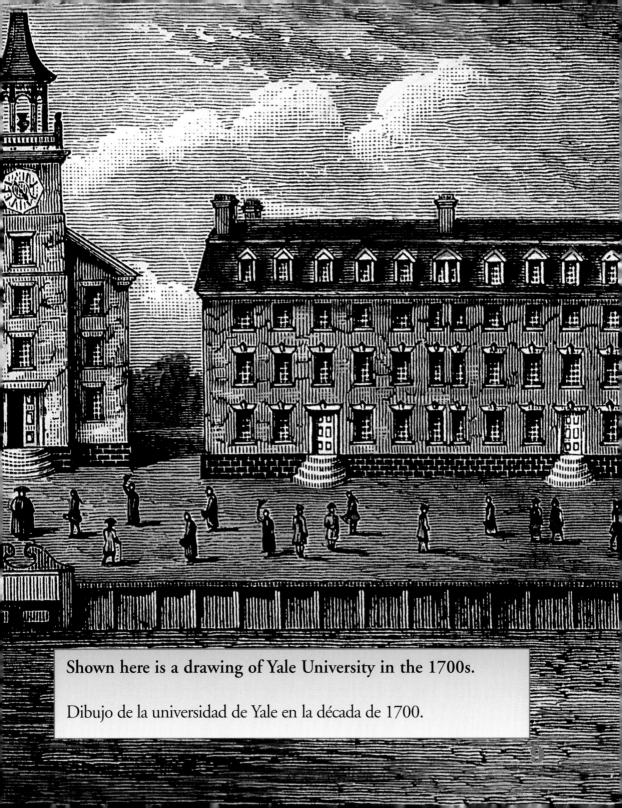

Shown here is a drawing of Yale University in the 1700s.

Dibujo de la universidad de Yale en la década de 1700.

2 FROM TEACHER TO SOLDIER

Hale believed girls should learn the same subjects as boys. Most men of that time did not think that way. In April 1775, the American Revolution began. Hale was then teaching in New London, Connecticut. Like his family, Hale believed that the American colonies should be free from British rule.

---

2 DE MAESTRO A SOLDADO

Hale pensaba que las niñas debían estudiar las mismas materias que los niños. La mayoría de los hombres de su época no lo creían así. En abril de 1775 comenzó la Guerra de Independencia. Hale estaba enseñando en New London, Connecticut. Como sus padres, Hale creía que las colonias norteamericanas debían liberarse del dominio británico.

Nathan Hale's first teaching job was in this schoolhouse in Connecticut.

El primer trabajo de Hale como maestro fue en esta escuela en Connecticut.

Hale enjoyed teaching. He thought that he had a duty to teach his students. He also felt that he should join the fight for American independence. On July 1, 1775, Hale became a lieutenant in the Continental army. Later, he fought in the attack of Boston. He showed that he was a brave soldier.

A Hale le gustaba enseñar. Creía que tenía el deber de enseñarles a los estudiantes, pero también pensaba que debía unirse a la lucha por la independencia norteamericana. El primero de julio de 1775, Hale se hizo subteniente del Ejército Continental. Después luchó en el ataque a Boston y demostró que era un soldado valiente.

The Boston Tea Party. Patriots dressed as Native Americans jumped onto British ships and dumped all the tea into Boston Harbor.

La Fiesta del Té de Boston. Patriotas vestidos como indios norteamericanos abordaron barcos británicos y arrojaron todo el té a la bahía de Boston.

People left Boston in March. They were afraid. On April 30, 1776, Hale moved to New York City to join the army there. In May, he and other soldiers captured a small British boat. It held useful supplies that the army needed. Hale became a captain of *Knowlton's Rangers.* The *Rangers'* job was to keep watch on the British in New York.

En Boston, la gente estaba asustada y en marzo de 1776 abandonaron la ciudad. El 30 de abril de aquel año, Hale viajó a la ciudad de Nueva York para unirse al ejército. Hale y otros soldados capturaron un pequeño barco británico que llevaba valiosos suministros que el ejército patriota necesitaba. Hale se convirtió en capitán de la unidad *Knowlton's Rangers.* El trabajo de los *Rangers* era vigilar a los británicos en Nueva York.

Thomas Jefferson wrote the first draft of the Declaration of Independence.

Thomas Jefferson escribió el primer borrador de la Declaración de Independencia.

3 HALE BECOMES A SPY

In September 1776, General George Washington asked for an army captain to spy on the British. Washington needed to find out what the British were planning to do next. Hale was the only one who offered to do the job. He knew he would be killed if he were caught. He also knew spying could help win the war.

---

3 HALE SE CONVIERTE EN ESPÍA

En septiembre de 1776, el general George Washington pidió un capitán del ejército como voluntario para espiar a los ingleses. Washington necesitaba saber cual sería su próximo movimiento. Hale fue el único que se ofreció para la misión. Sabía que si lo atrapaban lo matarían, pero también sabía que su trabajo de espía podría ayudarles a ganar la guerra.

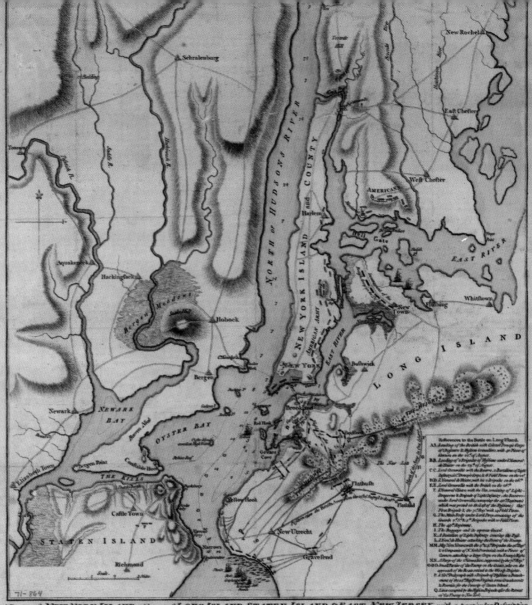

A PLAN of *NEW YORK ISLAND*, with part of *LONG ISLAND, STATEN ISLAND & EAST NEW JERSEY*, with a particular Description of the ENGAGEMENT on the Woody Heights of Long Island, between FLATBUSH and BROOKLYN, on the 27th of August 1776. between HIS MAJESTY'S FORCES Commanded by General HOWE and the AMERICANS under Major General PUTNAM, with the subsequent Disposition of both ARMIES.

Map of New York and part of Long Island. American and British armies held land on either side of the East River.

Mapa de Nueva York y Long Island. Los ejércitos norteamericano y británico controlaban territorios a cada orilla del río.

Hale's friend Captain William Hull tried to talk him out of becoming a spy. Hale told Hull that he wanted to be useful. Hale wanted to do something important for the war. On September 12, Hale went to the British camps on Long Island, New York. He pretended to be a schoolmaster. Inside the camps he took notes on everything he saw and heard.

El capitán William Hull, amigo de Hale, intentó convencerlo de no convertirse en espía. Hale le explicó que deseaba hacer algo importante que les ayudara a ganar la guerra. En septiembre entró a los campamentos británicos de Long Island, Nueva York. Ahí se hizo pasar por maestro de escuela. Una vez en el interior de los campamentos, tomó notas sobre todo lo que veía y escuchaba.

Captain William Hull knew the British might kill a spy they caught.

El capitán William Hull sabía que los británicos podrían matar a los espías que atraparan.

4   HALE IS CAUGHT

Hale learned important military facts from the British. He wrote down those facts on paper. This was not wise. If caught, the British would easily know he was a spy. Hale had not been prepared well to be a spy. His cover story as a schoolteacher was weak. The British could have easily found out who he really was.

---

4   ¡ATRAPADO!

Hale obtuvo información militar importante sobre los británicos. Escribía en papel dicha información, lo cual no era muy prudente porque si lo atrapaban podrían saber fácilmente que era espía. Hale no se había preparado bien para esta misión. Su historia como maestro de escuela no era muy convincente. Los británicos podrían averiguar fácilmente su verdadera identidad.

Watercolor of Nathan Hale by R. Sterling Heraty. As a spy, Hale wrote notes in Latin and hid them in his shoes.

Retrato en acuarela de Nathan Hale, por R. Sterling Heraty. Como espía, Hale escribía notas en latín y las ocultaba en sus zapatos.

Hale left the British camps in late September. He carried his notes with him on his way back to General Washington. On September 21, Hale was captured before he could get back to New York. Some people think his Tory cousin, Samuel Hale, spotted him. He was taken to General Howe, the British army general.

———◆◆◆———

Hale dejó el campamento británico a finales de septiembre. Pero el 21 de septiembre fue capturado con todas sus notas antes de que pudiera llegar a la ciudad de Nueva York. Algunos piensan que su primo Samuel Hale, que se oponía a la Guerra de Independencia, fue quien lo reconoció. Hale fue llevado ante el general Howe, el comandante del ejército británico.

General Sir William Howe (shown above) questioned Hale after his capture.

El general sir William Howe (arriba) interrogó a Hale después de su captura.

GEN. SIR WILLIAM HOWE

Howe ordered Hale to be executed the next day. Hale was not given a trial before he was hanged. The next morning, British army officer Captain John Montresor brought Hale into his office. Hale wrote one letter to his brother Enoch and one to Colonel Knowlton. Hale did not know that Colonel Knowlton had been killed in a battle.

Howe ordenó que Hale fuera ejecutado el día siguiente. A Hale no se le hizo juicio antes de ser ahorcado. La mañana siguiente, el capitán John Montresor, del ejército británico, condujo a Hale a su oficina. Hale escribió una carta a su hermano Enoch y otra al coronel Knowlton. Hale no sabía que el coronel Knowlton había muerto en una batalla.

British captain John Montresor (inset) told the only surviving eyewitness account of Hale's capture and execution to an American army captain, William Hull.

El capitán británico John Montresor (inserto), contó la única historia conocida sobre la captura y ejecución de Hale a William Hull, capitán del ejército norteamericano.

5 HANGED AND MARTYRED

Hale asked for a Bible before he was hanged. This was refused. Hale gave an important speech before he was executed. He ended the speech with the now famous line, "I only regret that I have but one life to lose for my country." Hale died on September 22, 1776, at the age of 21.

---

5 HALE ES AHORCADO Y SE CONVIERTE EN MÁRTIR

Antes de ser ahorcado, Hale pidió una Biblia, pero sus captores le negaron este deseo. Antes de su ejecución, Hale pronunció un discurso que terminó con una frase que se hizo famosa: "Lo único que lamento es tener sólo una vida que perder por mi patria". Hale murió el 22 de septiembre de 1776 a la edad de 21 años.

An article titled "Nathan Hale, the Patriot Spy" ran in the *New York Herald* on 1893.

En 1893 se publicó en el New York Herald un artículo titulado "Nathan Hale, el espía patriota".

It is unknown where Hale was buried. The American army learned later that Hale had been caught and hanged. His story was told throughout the colonies.

Hale became a hero for his actions. He was a hero like those he read about as a schoolboy. Hale was called a martyr because he gave up his life for his country.

Nadie sabe donde fue enterrado Nathan Hale. El ejército norteamericano no supo hasta más tarde que Hale había sido capturado y ahorcado. Su historia se contaba en todas las colonias.

Hale se convirtió en héroe gracias a su valor. Un héroe como aquellos de los que había leído de niño. Por haber dado la vida por su patria, a Hale se le considera un mártir.

Statue of Nathan Hale in New York City

Estatua de Nathan Hale en la ciudad de Nueva York

TIMELINE

1755—Nathan Hale is born on June 6.

1775—The Battle of Lexington occurs, starting the Revolutionary War.

1776—The Declaration of Independence is signed; *Knowlton's Rangers* is formed, and Nathan Hale joins.

1773— Hale graduates from Yale University.

1776—The Continental army leaves Boston to move to New York. Nathan Hale leaves shortly after.

1776—Nathan Hale accepts assignment as a spy and is hanged less than two weeks later.

CRONOLOGÍA

1755—El 6 de junio nace Nathan Hale.

1775—Se produce la batalla de Lexington, que inicia la Guerra de Independencia.

1776—Se firma la Declaración de Independencia; se forma la unidad *Knowlton's Rangers*, a la que se une Hale.

1773—Hale se gradúa en la universidad de Yale.

1776—El Ejército Continental sale de Boston y se dirige a Nueva York. Poco después Hale deja la ciudad.

1776—Nathan Hale es ahorcado menos de dos semanas después de aceptar una misión como espía.

GLOSSARY

deacon (DEE-kun) An officer of a church who helps with church duties.
execute (EK-suh-kyoot) To put to death.
lieutenant (loo-TEH-nent) An officer in the army.
martyr (MAR-ter) Someone who dies or is killed for a cause or principle.
patriot (PAY-tree-uht) Someone who loves his or her country and is prepared to fight for it.
trial (TRYL) When a case is decided in court.

WEB SITES

Due to the changing nature of Internet links, the Rosen Publishing Group, Inc., has developed an online list of Web sites related to the subject of this book. This site is updated regularly. Please use this link to access the list:

http://www.rosenlinks.com/fpah/nhal

GLOSARIO

diácono (el) Miembro de una iglesia que ayuda con los deberes de ésta.
ejecutar Castigar a alguien quitándole la vida.
juicio (el) Proceso por el cual un tribunal decide sobre la culpabilidad o inocencia de alguien.
mártir (el, la) Alguien que muere o recibe la muerte por una causa o principio.
teniente (el, la) Oficial del ejército.

SITIOS WEB

Debido a las constantes modificaciones en los sitios de Internet, Rosen Publishing Group, Inc., ha desarrollado un listado de sitios Web relacionados con el tema de este libro. Este sitio se actualiza con regularidad. Por favor, usa este enlace para acceder a la lista:

http://www.rosenlinks.com/fpah/nhal

INDEX

ABOUT THE AUTHOR

Jody Libertson is a writer and editor living in New York City.

ÍNDICE

ACERCA DEL AUTOR

Jody Libertson es escritor y editor. Vive en la ciudad de Nueva York.